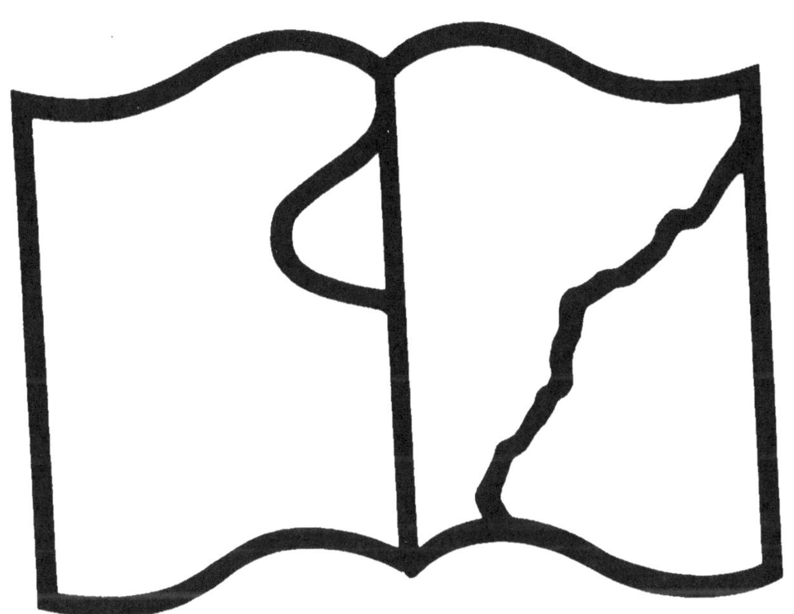

Texte détérioré — reliure défectueuse

NF Z 43-120-11

LE PARAGUAI JÉSUITIQUE;

OU

Description succincte des Terres dont les Jésuites Espagnols se sont emparés dans l'Amérique Méridionale, en y portant la Foi ; les Productions naturelles du Pays, les Mœurs des Peuples qui l'habitent, & l'esclavage honteux où ils se trouvent réduits sous la domination despotique des Curés, &c.

Le tout extrait fidellement des Mémoires du Sieur Bravet, Ingénieur à la Martinique, que ces Peres firent Généralissime de leurs Troupes dans la guerre contre les Xaraïes en 1718.

A AMSTERDAM.

M. DCC. LXVIII.

AVERTISSEMENT.

Sur l'authenticité de cette Histoire.

LA description que l'on donne ici du Paraguai Jésuitique, est moins une description géographique, qu'un précis historique du Gouvernement & de la Discipline que les Jésuites Espagnols exercent dans les Terres dont ils se sont emparés dans l'Amérique Méridionale ; c'est-à-dire, dans cette grande Province appellée le *Parana*, au Sud du Paraguai propre & à l'Est de la Province de la Plata.

Ce morceau d'Histoire, qui est très-succinct, est d'autant plus digne de foi, qu'il a été extrait fidellement des Mémoires d'un

A ij

homme éclairé qui n'y avançoit rien qu'il ne l'eût vu de ses propres yeux, & non sur le rapport d'autrui ; d'un homme sincere & sans prévention, qui n'avoit aucun intérêt de trahir la vérité, & qui avoit au contraire tout à craindre d'en imposer le moins du monde à l'un des plus grands Princes de l'Europe, à qui il adressoit ses observations.

Il lui exposoit dans le plus grand détail le véritable état où étoit ce Pays en 1718, tems auquel l'Auteur s'y voyoit établi par une aventure extraordinaire ; car les Jésuites ne souffrent pas qu'aucun Blanc, soit Espagnol ou autre, mette le pied dans ces Terres, sans le punir sévérement de son imprudence,

Le Sieur Bravet, Ingénieur à la Martinique, à qui l'aventure est arrivée, raconte cet événement singulier dans sa Lettre écrite en 1721 à Monseigneur le Duc d'Orléans, Régent de France; il y insinue qu'il seroit cependant aisé de pénétrer dans ce Pays à main-armée, & de s'en emparer.

Mais alors Son Altesse Royale avoit apparemment d'autres objets à considérer, plus importans pour la France, qu'un projet de cette nature. Quoiqu'il en soit, le dessein du Sieur Bravet n'eut point d'effet, & lui-même mourut quelque tems après.

Il avoit remis ses Mémoires à un de ses amis, qui dans la suite les communiqua à un Homme de Lettres. Celui-ci trouva le sujet assez intéressant pour en faire un Extrait, c'étoit en 1747, & uniquement pour son utilité particu-

A iij

culiere, à cause du rapport qu'a-
voit cette matiere avec la Géographie & l'Histoire qu'il professoit.

Il étoit bien éloigné de penser
que ce qu'il n'écrivoit alors que
pour lui, pût jamais voir le jour.
Il n'auroit pas omis certains dé-
tails très-curieux concernant la
politique des Jésuites dans ce Pays-
là, dans leurs différentes fonctions
religieuses, civiles & militaires,
& dont il ne lui reste plus que des
idées confuses dans la mémoire.

S'il avoit pu prévoir les événe-
mens qui sont arrivés depuis à
cette Société redoutable, il auroit
même transcrit les Mémoires en
entier ; & on en régaleroit aujour-
d'hui le Public ; mais, ô perte
irréparable ! l'Homme de Lettres
ne les avoit pas gardés plus de huit
jours ; & peu de tems après les

avoir remis, il apprend avec dou-
leur que le poſſeſſeur de cet écrit
précieux l'avoit ſottement mis en
piéces. Ce pauvre eſprit *n'auroit
pas voulu pour tout l'or du monde,*
diſoit-il, *qu'on le trouvât à la mort
ſaiſi d'un écrit tel que celui-là qui
médiſoit des Jéſuites.*

Ainſi l'impéritie d'un vieillard
imbécille auroit enlevé à la connoiſſance des hommes la relation
entiere d'un fait auſſi mémorable
que celui du deſpotiſme Jéſuiti-
que au Paraguai, ſans l'attention
qu'un lecteur judicieux avoit eue
d'en faire un Extrait, à la vérité très-concis, mais fidele.

C'eſt ce morceau curieux d'Hiſ-
toire qu'on met au jour, & qu'on ſe
flatte que le Public verra avec plai-
ſir, ſur-tout dans les circonſtances
préſentes, où les Jéſuites viennent

d'être chaſſés de toutes les terres de la domination du Roi d'Eſpagne.

Au reſte, quelque ſuccinct que ſoit cet Ecrit, on y trouvera ſuf-fiſamment démontré par le fait, combien la Société des *Soi-Diſans* eſt poſſédée de l'eſprit de domi-nation ; qu'il n'y a point de reſ-ſorts qu'ils ne faſſent jouer, point de mouvemens qu'ils ne ſe don-nent jour & nuit, pour tâcher d'arriver au pouvoir abſolu ; & qu'il n'y a point de travaux, de fatigues ni de peines de corps & d'eſprit qu'ils ne ſoient prêts de ſubir, pour ſe maintenir dans ce terme ultérieur de leur ambition, lorſqu'ils y ſont une fois parvenus.

HISTOIRE
SUCCINCTE

De la Domination des Jésuites au Paraguai, & de la forme de leur Gouvernement.

MÉMOIRE présenté à Monseigneur LE DUC D'ORLÉANS, *Régent du Royaume de France, touchant la Domination des Jésuites au Paraguai.*

MONSEIGNEUR,

» JEAN-FRANÇOIS BRAVET, Arpen-
» teur Royal à la Martinique, prend
» la liberté de présenter à VOTRE

A v.

» A L T E S S E R O Y A L E des Mémoires
» d'un Pays bien confidérable & très-
» inconnu jufqu'à préfent, des plus
» beaux & des plus riches de l'Amé-
» rique méridionale, poffédé par les
» Jéfuites, qui s'en font emparés & ren-
» dus les maîtres en y portant la Foi ;
» Pays où ils ne permettent à perfonne
» d'entrer, où j'ai été par accident, &
» d'où je fuis forti par un effet de la
» Providence.

    » Je m'étois embarqué pour la mer
» du Sud en 1717, où j'avois déja fait
» un voyage en 1713 ; le vaiffeau où je
» m'étois embarqué relâcha aux Mal-
» donades, à l'embouchure de la Pla-
» ta, & y refta environ deux mois à fe
» rafraîchir.

    » J'entrai dans les Terres, moi deu-
» xiéme, le 7 Décembre pour chaffer.
» Nous nous égarâmes, & ne pûmes
» retourner. Je perdis le lendemain ce-
» lui qui étoit avec moi , fans que je
» l'aie vu depuis ; & le même jour je

» fus rencontré par des Sauvages *Cha-*
» *ruas* , qui me traitèrent assez hu-
» mainement en apparence , mais qui
» avoient dessein de me faire mourir ,
» comme on me l'a fait entendre depuis
» au Paraguai Jésuitique.

» Lorsqu'ils m'emmenoient , nous
» rencontrâmes une Compagnie de 66
» hommes de la Réduction de Saint
» Laurent , ennemis des *Charuas* qui
» m'avoient pris , qui se retirèrent &
» me laissèrent à ces Réduits. Ceux-ci
» étoient là pour la chasse que je fis avec
» eux.

» Pendant ce tems, ils donnèrent avis
» de ma prise aux Jésuites , & nous
» arrivâmes trois mois après à S. Louis ,
» où je trouvai des P P. Jésuites qui me
» reçurent avec beaucoup d'affection.
» Ils avoient fait mettre leurs Sauvages
» sous les armes, Cavalerie & Infan-
» terie , qui me saluèrent de trois dé-
» charges, drapeaux déployés , au bruit
» des tambours & des trompettes , les

» cloches fonnantes ; le furplus des ha-
» bitans étoit à genoux & tête nue.

» Ils me conduifirent de cette forte à
» l'Eglife, que je trouvai femée de fleurs
» d'orange. Ils me firent l'honneur à
» l'entrée, de me préfenter le goupil-
» lon, & de faire chanter le *Te Deum*
» en mufique. Je montai enfuite à che-
» val avec un Jéfuite de Saint Laurent
» qui m'y emmena, & où j'ai refté près
» de 18 mois.

» Je poffédois dès-lors affez bien la
» langue Efpagnole ; j'avois auffi com-
» mencé avec ces Sauvages à apprendre
» le Guairan, qui eft le langage du
» Pays, & j'achevai de m'y perfection-
» ner ; enforte qu'ayant du fervice, &
» en ayant informé ces Pères, ils me
» prièrent d'exercer leurs Troupes,
» pour leur apprendre les évolutions
» militaires. Ils me donnèrent pour cela
» tout commandement fur eux ; je les
» faifois fouvent affembler de plufieurs
» Réductions, afin d'en faire de plus.

» gros corps & de les mieux inſtruire.

» Comme j'avois du Deſſein & quel-
» ques principes de Géographie , ils
» m'occupèrent encore à copier & à
» rectifier les plans qu'ils avoient faits
» de leurs Réductions , & à faire auſſi
» quelques repréſentations pour les
» ſpectacles publics. J'avois de plus
» quelques connoiſſances des méchani-
» ques ; ce que j'en exécutai me fit ad-
» mirer des Peuples , & aſſez eſtimer
» des Jéſuites qui venoient de pluſieurs
» endroits pour en voir les objets.

» Par-là j'avois trouvé le moyen de
» m'attirer leur bienveillance , & d'em-
» pêcher par ces petits ſervices & par la
» conduite régulière que j'obſervois ,
» qu'ils ne me traitaſſent comme ils
» avoient traité un Eſpagnol qui avoit
» eu l'imprudence de paſſer chez eux ;
» ce dont je fus heureuſement informé ,
» & ce qui me faiſoit tenir en garde ſur
» toutes choſes.

» Ces Pères enfin me crurent ſi utile

» auprès d'eux, qu'ils me proposèrent
» de faire venir quelques femmes Ef-
» pagnoles pour me marier, & de
» m'établir Généralissime de leurs
» Troupes. Je devois même aller, à la
» tête de 5 ou 6000 hommes, faire la
» conquête des *Charuas*, Indiens braves
» qu'ils vouloient achever de réduire.

   » Mais Dom Baldes, Gouverneur de
» Buénos-Aires, ayant eu avis qu'il y
» avoit un François parmi eux, leur fit
» fçavoir qu'ils euffent à me faire reti-
» rer, à me remettre entre fes mains,
» ou à permettre l'entrée de leur Pays
» aux Efpagnols ; finon, qu'il s'en plain-
» droit au Roi. Cela obligea ces Pères
» à me conduire à Buénos-Aires, en me
» comblant d'honnêtetés & de bien-
» faits, & en me recommandant fur-
» tout le fecret avec toutes fortes
» d'inftances.

   » Je m'apperçus néanmoins que ,
» lorfqu'ils me remirent au Gouverneur
» & que je fus paffé de fon côté, ils fe

» repentoient de m'avoir laiſſé ſortir de
» leurs Terres, & de ne m'y avoir pas
» fait faire d'auſſi pompeuſes funé-
» railles, qu'avoit été mon entrée à
» Saint Louis.

» Pendant le tems que je reſtai à Bué-
» nos-Aires, j'appris que les Troupes
» que j'avois laiſſées prêtes à partir pour
» la conquête des *Charuas*, y avoient
» été conduites par le Père Diéga de
» Haſo, qui tua ou enleva près de 5000
» ames.

» Etant prêt à m'embarquer pour
» France ſur l'*Atlas*, commandé par
» M. le Roux, je me mis dans une Sé-
» maque pour aller à bord avec tous
» mes effets; mais nous tournâmes (ou
» revirâmes.) Je perdis tout, & je fus
» obligé de retourner à Buénos-Aires.
» Je m'y embarquai quelque tems après
» ſur l'*Oriflâme*, commandé par M.
» Charbon Saint Léger, qui fit voile
» à la Martinique, où j'ai reſté.

» Je connois aſſez particuliérement

» le Pays & les forces des Espagnols
» de ces lieux-là, les endroits de des-
» cente & d'entrée chez eux ; ainsi que
» les passages dans les Réductions,
» dont je pourrois donner des éclair-
» cissemens , &c.

» Je suis avec un très-profond res-
» pect ,

MONSEIGNEUR,

DE VOTRE ALTESSE ROYALE,

Le très-humble & très-obéissant
serviteur, BRAVET.

CHAPITRE I.

Description du Paraguai Jésuitique.

§. I.

Situation & étendue de ce Pays.

LE Paraguai Jésuitique comprend le *Parana*, qui est une grande Province au Sud du Paraguai propre & à l'Est de la Province de la Plata. Cette contrée s'étend, dans l'Amérique méridionale, sous le 4e climat austral, depuis le Tropique du Capricorne, ou le 23e degré de latitude sud, jusqu'aux 28 & 29e degrés.

C'est dans cette étendue qu'on trouve les Terres possédées par les Jésuites, dont la principale partie est située entre les rivières de Paranaguazu & d'Uraguai, & dont les Habitans sont appellés les *Paranaguians*. Ces possessions des Jésuites ont environ 100 lieues de largeur sur 150 de longueur.

Ces Terres sont appellées Réduc-

tions, parce que les Jésuites Espagnols
en portant la foi parmi les Peuples qui
en étoient les habitans naturels, les ont
réduits sous leur puissance absolue. Aussi ont-ils appellé *Tapos* toutes les différentes Nations qu'ils ont mises sous leur
domination. Ce nom signifie *Réduit* en
langue Guairane, qui est celle du pays.

§. II.

Réduction & division de ce Pays.

Les Réductions commencèrent vers
l'an 1610, tems auquel les Missionnaires entrèrent dans ces Terres. Ils y
trouvèrent quelques Ecclésiastiques qui
les avoient précédés ; mais ils eurent
bien-tôt occasion de les en faire chasser
par les Peuples mêmes, & d'y rester seuls
sans témoins ni concurrens.

Ils voulurent d'abord s'établir chez
les *Charuas* ou *Charaïes*, que les Espagnols écrivent *Xarayes*. C'étoient des
Peuples féroces & braves. Les Jésuites
en ayant sçu gagner plusieurs, s'en ser-

virent adroitement pour conquérir leurs premières possessions. Ils en formèrent leur première ville de Réduction qu'ils établirent sur les bords du Paranaguazu, sous le nom de la *Conception.*

La seconde Réduction fut placée proche l'Uraguai, & ils l'appellèrent San-Iñaguazu, ou le Grand *Saint Ignace.*

La troisieme, située à près de 25 lieues des deux autres, fut appellée *los Apostolos.*

La quatrieme, à près de 10 lieues de los Apostolos, reçut le nom de *Saint Michel.*

La cinquieme, à environ 7 lieues de Saint Michel, fut appellée *S. Laurent.*

La sixieme enfin, à environ la même distance de S. Laurent, fut appellée *S. Louis.*

Toutes ces Réductions, qui font autant de villes, se suivent en tirant à l'Est vers la Mer du Nord, du côté de Rio Grande. Elles étoient au nombre de 32 en l'année 1718. La plus grande & la plus riche de ces villes est S. Ignace qui peut être comparée à la Rochelle. Il n'y en avoit pas encore une de murée au commencement de cette même année 1718 ; mais les Jéfuites avoient projetté de faire fermer de murs S. Ignace & S. Louis.

§. III.

Dénombrement du Peuple réduit.

Tous les Peuples réduits demeurent dans ces villes : il y en a très-peu à la campagne. On compte dans les principales villes jufqu'à 8000 ames, & dans les moindres environ 3000.

Toutes ces Réductions peuvent contenir 112000 ames, tant hommes, que femmes & enfans, fuivant la déclaration des principaux Officiers de ces Réductions ; & dans ce nombre, il y a près de 20000 combattans.

Les Jéfuites néanmoins ne comptoient que 8 ou 10000 tant hommes que femmes, & 4 à 5000 combattans feulement.

§. IV.

Maisons , Presbytères & Eglises.

Les Maisons y sont par-tout de pierre
de taille & de bonne maçonnerie. Elles
sont toutes uniformes , d'un étage seu-
lement , & toutes couvertes de tuiles.
Les rues en sont droites & larges.

Les Presbytères , ou Maisons des Jésuites , sont dans chaque Réduction autant de petits Palais magnifiquement
bâtis. Il y a dans chacun 12 ou 15 ap-
partemens entourés de grosses colonnes
de marbre & d'une très-belle & bonne
pierre semblable au marbre , qui se
trouve sur les lieux.

Ces colonnes , qui sont grosses &
d'une très grande hauteur , soutiennent
des balcons couverts , & forment des
galeries ainsi que le Cloître. Il y a une
grande cour devant ce Palais , & sur le
derrière , des jardins considérables.

Dans les côtés sont des bâtimens pour
différentes Manufactures , pour les cui-
sines & pour le logement des Domes-

tiques. Tout cela eſt entouré d'un mur
très-épais, d'une bonne conſtruction,
& de plus de 20 pieds de hauteur. C'eſt
devant cette façade & celle de l'Egliſe
qu'eſt la Place d'Armes d'une fort
grande étendue.

Les Egliſes y ſont grandes & riches
tant en dorures qu'en ornemens. Chacune a ſon clocher ſur le devant ou à
côté de la maiſon presbytérale, dans le-
quel ſont 4 à 5 cloches, & même
juſqu'à 7, dont les plus groſſes peuvent
avoir 4 à 5 pieds de diametre, & 12 à
15 pieds de tour.

Il y a auſſi dans chaque Egliſe deux
buffets d'orgues aſſez conſidérables, propres & riches, ſoutenus par des colonnes
& des termes très-bien travaillés ; un
chœur de muſique compoſé d'un nombre
conſidérable de voix, d'un ſerpent, d'un
cornet à bouquin, de hautbois, de vio-
lons, de baſſes de viole & de harpes,

CHAPITRE II.

Productions naturelles du Paraguai
Jésuitique.

§. I.

Température de l'air & nature du Sol.

LE Paraguai Jésuitique est un pays plat & très-beau qui est arrosé de plusieurs rivières, dont deux sont navigables, le Paranaguazu & l'Uraguai, l'une desquelles pourroit se communiquer à Rio-Grande, dont elle n'est qu'à 18 ou 20 lieues. Les Jésuites formèrent ce projet dès leur premier établissement ; ils doivent présentement (en 1721) l'avoir commencé.

On distingue en ce climat quatre saisons comme dans les climats de l'Europe, mais dans des tems différens. L'hyver commence au mois d'Août, & dure environ trois mois ; il est très-doux & très-supportable ; il n'y gèle que pen-

dant un mois , & il n'y neige & pleut
que rarement. Le printems & l'automne
y font charmans.

Tout ce pays n'eft compofé , dans la
plus grande partie, que de prairies naturelles. Il y a peu de bois , fi ce n'eft
quelques petites forêts éloignées les unes
des autres d'environ 8 à 10 lieues. Il y a
même des endroits , en approchant de
la mer du Nord , qui n'ont aucun arbre
dans l'étendue de 20 ou 30 lieues.

Il n'y a dans cette vafte contrée qu'une
grande & principale forêt vers le commencement du Paranaguazu , ou dans
la Province de *Guaira.* C'eft dans cette
forêt que fe prennent tous les bois pour
les groffes charpentes & pour la naviga-
tion. Les autres forêts ne font, pour
ainfi dire , que des bois taillis.

§. II.

Récolte des fruits du Pays.

Tous les fruits d'Amérique & d'Europe y viennent en perfection & en
abondance. Les Jéfuites y font femer du
bled

bled pour eux feulement , & du plus beau froment. Il y vient auffi des cotons, des cannes à fucre , du millet , du tabac , & fur-tout des arbres appellés *Kamini*, dont la feuille nommée *Gierbe*, à peu près femblable à celle du laurier, fait le principal objet de la récolte du Pays. On en voit une quantité confidérable de vergers , chacun d'une lieue ou deux en quarré.

Cette *Gierbe* eft une efpéce de thé , qu'ils difent avoir été découverte par le grand S. Ignace. Elle eft d'un grand ufage chez tous les Efpagnols de ces contrées , particuliérement du côté de la Mer du Sud , où il s'en confomme une quantité prodigieufe. Ce n'eft que dans les Réductions que s'en fait la récolte.

Les Jéfuites la font porter par eau dans le Paraguai Efpagnol, dans le Tucuman & à Buénos-Aires, d'où elle fe diftribue enfuite par-tout. Elle fe vend fur le pied de 100 piaftres le quintal ; & il s'en fait un débit prodigieux & inconcevable.

Les Jéſuites font auſſi des ſucres *moſ-covades*, mais en médiocre quantité, ſeulement pour leur uſage, & pour quelques diſtributions qu'ils en font à Buénos-Aires & dans le Paraguai Eſpagnol.

Ils pourroient faire du vin s'ils le jugeoient à propos, parce que la vigne y vient très-bien; le raiſin en eſt d'une beauté & d'un goût exquis; mais ces Pères, en fins politiques, aiment mieux faire venir leur proviſion du Pérou, que de planter des vignobles chez eux, de crainte que cette plante ne fût dans la ſuite comme l'arbre de ſcience, qui découvriroit à ces Peuples leur honteux eſclavage.

§. III.

Volatiles & Quadrupedes.

On éleve dans les ménageries quantité de toutes ſortes de volailles; mais toute cette volaille ne ſert qu'aux Jéſuites & aux malades; il n'eſt permis à

qui que ce soit des Réduits d'en man-
ger, sous peine d'un châtiment rigou-
reux. Le pigeon y est très-délicat.

Il y a quantité de perdrix, de tourte-
relles, de bécasses, de bécassines, d'or-
tolans, de cerceles, de canards & d'oyes
sauvages. En outre, ils élevent des troupeaux considérables de moutons & de
chèvres, & quelques cochons.

Le Pays est d'ailleurs rempli de cerfs,
de sangliers & d'autruches. Il y a aussi
quantité de tigres d'une grande beauté
& d'une prodigieuse grosseur ; des lions
blancs, mais petits ; des renards &
beaucoup de chiens sauvages.

Dans les vastes pâturages & prairies
naturelles qui sont vers la mer du Nord,
entre la rivière de la Plata & les Polistes
Portugais, il y a un nombre infini de
bêtes chevalines & à cornes. C'est-là que
les Jésuites envoyent chercher les chevaux à l'usage des Réductions, & les
bestiaux nécessaires à la nourriture de
leurs Réduits.

§. IV.

Chasse annuelle aux bêtes chevalines & à cornes.

- Tous les ans les Jésuites font faire, en Décembre, Janvier & Février, une grande Chasse générale, où chaque Réduction envoie une Compagnie plus ou moins forte, à proportion du plus ou du moins de personnes que chacune contient ; ces Chasses s'appellent *Vagiares*, en langage *Guairan*.

Quand la Chasse est faite, chaque homme est obligé d'amener 1000 bêtes à sa Réduction : cela ne manque point ; ensorte qu'une Compagnie de 30 hommes amene 30000 bêtes, & ainsi des autres. Cela passe toute croyance, dit-on, mais c'est un fait.

Ces bestiaux font conduits en troupeaux par les Réduits près de 200 lieues au travers de ces vastes campagnes, sans qu'il s'en écarte aucun. Quand ils font arrivés aux Réductions, on met les ani-

maux à cornes dans de grands parcs qui
font nommés *Mataderos*, & qui ont 4
à 5 lieues de contour. Ces parcs font
fermés de pieux dans les endroits plus
ouverts ; le furplus eft gardé par des
Réduits.

C'eft là qu'ils vont prendre chaque
femaine la quantité de viande dont ils
ont befoin pour leur confommation qui
eft confidérable, parce que chaque Réduit n'ayant que de la chair pour tout
aliment, en mange beaucoup, & jufqu'à 6 ou 7 liv. par jour : elle eft très-
fucculente & fort délicate.

Les chevaux & les mulets font auffi
en très-grande quantité dans ces Réductions ; car chaque Réduit a fon cheval ;
il va rarement à pied. Ces bêtes chevalines ont pour tout harnois un cuir en
double , appellé *Vacapigini* , & un
bridon.

CHAPITRE III.

Mœurs des Réduits du Paraguai.

§. I.

Langue & caractère de ce Peuple.

LA langue Guairane est la langue générale de tout le Paraguai , & conséquemment celle du Paraguai Jésuitique. Il est vrai qu'il y a plusieurs langues particulières , mais qui ne s'entendent que dans des cantons particuliers ; au lieu que le Guairan est entendu dans toute cette vaste contrée de l'Amérique Méridionale.

Il y a , dans les Réductions , des Jésuites pour enseigner la langue Guairane. C'est en Guairan qu'ils prêchent : c'est aussi en Guairan qu'ils instruisent toute la jeunesse dans les écoles de lecture & d'écriture.

Les Peuples Réduits sont , en général ,

de taille médiocre & commune, mais
ils font forts & robuftes, adroits, agi-
les, leftes & bons cavaliers. Ils ont le
teint olivâtre, les cheveux noirs & longs
naturellement; mais les Jéfuites les leur
font couper à la hauteur des oreilles,
fans leur permettre de les laiffer croître
davantage, pour les diftinguer des autres Peuples voifins, qui n'étant pas Réduits, portent tous leurs cheveux en-
tiers.

Ces Peuples ont beaucoup de conception, apprennent facilement, s'ap-
pliquent extrémement à ce qu'on leur
montre, & ne font nullement diffipés.
Ils font humbles & foumis à tout ce qui
leur eft prefcrit; enforte qu'ils fe rendent en peu de tems très-capables &
experts dant tout ce qu'on fouhaite d'eux
& qu'on veut qu'ils fachent.

Ils fe marient très-jeunes, la plûpart
dès 14 ou 15 ans, & le plus tard à 17
ou 18 ans. Ils font d'affez bonnes mœurs,
très-réguliers fur-tout dans leurs devoirs
de religion. . . . .

Ceux des Villes entendent tous les jours la meffe qui fe dit affez matin pour ne pas interrompre leurs travaux qui font tous au profit des Jéfuites. La plus grande partie font leurs dévotions tous les mois. Ils font très-affidus à tout le fervice des Fêtes & Dimanches, à quoi ils n'oferoient manquer.

§. II.

Habillement des Réduits.

Les vêtemens de ce Peuple font tous de coton, propres & bien travaillés. Ceux des hommes dans les jours ordinaires font, une chemife, un caleçon & un *Vuichoura* qui eft une forte de tapis fendu au milieu comme une Dalmatique.

Quelques-uns portent un bufle en forme de gillet, fait de peau de cerf paffée. Ils ont auffi un bonet d'étoffe, femblable à ceux que nos Rouliers portent en hyver. Ils vont ordinairement les jambes & les pieds nuds, excepté les jours d'exercice ou de revue & de danse , qu'ils ont des souliers & des bas brochés de coton.

Les femmes portent une chemise, & par dessus une espece de grande jupe aussi de coton blanc en forme de soutane ; elle se met par dessus les épaules, où elle est plissée avec un colet; & elle va jusqu'aux pieds, ayant des fentes aux côtés pour passer les bras. C'est là le seul vêtement des femmes ordinaires.

Les femmes de quelque distinction portent par dessus cela une jupe d'étoffe de laine ouvrée de différentes couleurs, qu'elles mettent à l'Egyptienne ; mais elles vont toutes, en tout tems, têtes, jambes & pieds nuds , les cheveux épars, lavés, nets & bien peignés.

§. III.

Discipline & Exercices militaires.

Tous les Réduits sont enrégimentés & disciplinés militairement. Leurs Officiers, Colonels, Lieutenans-Co-

lonels, Capitaines & autres, font pris
ordinairement dans la même Réduction.
Ils font disciplinés par quelque Jéfuite
qui a du fervice.

Ils font réguliérement l'exercice tous
les Dimanches, tant à pied qu'à cheval; car il y a Cavalerie & Infanterie;
alors les Cavaliers ont des felles & des
piftolets. Ils font leurs évolutions &
leurs mouvemens affez réguliérement.

Ils s'exercent ces jours-là aux différentes armes qui font en ufage chez eux;
ces armes font le moufquet & le fufil, la
lance & la fléche. Ils fe fervent paffable-
ment du moufquet, dont ils appuient la
croffe contre la poitrine; mais ils tirent
très-bien du fufil.

Ils fe fervent auffi d'une efpéce de
fronde qu'ils appellent *Hande*. C'eft
une pierre arondie, groffe comme une
balle de jeu de paume, percée au milieu pour y paffer une corde à boyau
longue d'environ une braffe; ils lan-
cent cette pierre avec une adreffe fur-
prenante.

Lorfqu'ils font l'exercice ou leur revue, ils ont tous des fabres, des baudriers & des habits uniformes, le jufte-
au-corps & les caleçons à la françoife,
des bonets à la dragone ornés de plu-
mes d'autruche, avec un nom de Jefus
fur le devant & une tête de mort der-
riere. Ces vêtemens font de différentes
couleurs, fuivant les Régimens, &
d'un gros coton ; les baudriers font auffi
de coton.

Toutes les armes, jufqu'aux fléches &
les munitions de guerre, font dans un
Arcenal que renferme le College ou la
Maifon Presbytérale, & ne fe donnent
que les jours de revue ou d'exercice :
on doit les rapporter incontinent après.

CHAPITRE IV.

Police & Justice.

§. I.

Marques diſtinctives des divers Offices.

Chaque Réduction a ſon Etat-Major, où il y a un Gouverneur & un Lieutenant de Roi. Ces deux premiers Officiers ſont les ſeuls qui aient la permiſſion d'avoir chacun un fuſil pour la chaſſe. Les autres Officiers militaires peuvent avoir quelques fléches, ſi le Jéſuite Chef de la Réduction le trouve bon.

Outre le Gouverneur, le Lieutenant de Roi & les Officiers du Régiment, il y a dans chaque Réduction des Caciques, appellés *Anaguazu*, qui ſont les Nobles du Pays. Chacun de ces Caciques a le ſoin & la conduite d'uné rue ou d'un quartier. Il rend compte réguliérement tous les Dimanches & Fêtes de tout ce qui s'y eſt paſſé.

Chaque Officier a fa marque de dif-
tinction. Le Gouverueur a un jonc de 4
pieds de hauteur à poignée d'or. Le
Lieutenant de Roi a une femblable
canne à poignée d'argent. Les Majors
des Régimens ont des cannes à longues
poignées d'argent de 6 à 8 pouces.

Les Alcades, qui font des efpéces de
Juges civils, portent une baguette d'é-
bène ou de baleine, groffe comme le petit doigt, & de 8 à 9 pieds de long.
Les Caciques ont auffi une femblable
baguette, mais qui n'eft que de la longueur d'un jonc ordinaire, avec une
petite tête d'argent au bout.

§. II.

Efclavage honteux des Réduits.

Le Gouverneur, les autres Officiers
& les Caciques rendent tous compte de
leur propre conduite & de leurs Charges
au Chef de la Réduction. C'eft un Jéfuite Curé, qui gouverne avec une autorité abfolue, qui rend juftice fouve-
rainement & la fait faire devant lui, &

à qui rien n'échappe de tout ce qui se passe dans son domaine.

Ces Peuples, libres en apparence, sont sous le gouvernement despotique des Jésuites, dans le plus dur & le plus honteux esclavage qu'il y ait sur la terre. Ils n'ont rien à eux; ils ne peuvent disposer d'aucun des fruits qu'ils recueillent dans les terreins qu'il leur est permis de cultiver; il ne leur est pas même permis de prendre un œuf des poules qu'ils élévent dans leurs ménageries.

Il faut qu'ils rendent un compte exact de tout au Jésuite qui leur fait donner leur ration tous les jours. Chaque chef de-famille s'adresse pour cela à un Majordome qui est chargé de ces distributions, & qui sçait par le moyen du Jésuite ce qu'il doit faire donner à chaque maison pour la subsistance & pour l'habillement.

§. III.

Récompenses & punitions.

Les Réduits n'ont tous, pour toute nourriture, que de la viande & de l'eau;

mais si le Jésuite est satisfait de leur conduite, il leur fait donner une mesure de feuilles de *Gierbe*, qu'ils mettent ordinairement tremper dans leur eau, & dont ils font une sorte de thé.

Enfin, pour récompense de leurs actions & de leur bonne conduite, ils n'ont en tout qu'une moyenne poignée de feuilles de tabac par semaine.

Mais s'ils ont commis quelque irrégularité, ils sont non-seulement privés de ces récompenses, toutes minces & chétives qu'elles sont, mais encore châtiés très-rigoureusement, à proportion de la faute.

Alors, quatre hommes les tenant ventre à terre & le caleçon bas, on les frappe d'autant de coups de nerfs de bœuf, que le juge à propos, le Jésuite qui fait faire cette exécution en sa présence, sans exception ni distinction de personne, Caciques, Officiers & Gouverneurs ; & même pour la moindre désobéissance, pour le moindre signe de mauvaise volonté.

Il y a plus, c'est qu'en fortant de ce châtiment, & fouvent tout couverts de leur fang, ces pauvres Patiens font encore obligés de s'aller jetter aux pieds du Jéfuite, pour lui demander pardon & la permiffion de baifer fa manche.

Les hommes font ainfi fouettés en dedans de la Maifon Presbytérale, & les femmes publiquement fous le Portique & à dos nud.

Dans ces Réductions, on ne fait mourir perfonne en public ; mais ceux qui fe font abfentés, qui ont paffé chez les Peuples voifins & qui font repris, ceux qui font foupçonnés de quelque rébellion, &c. font enfermés dans des prifons ou cachots, d'où ils ne fortent jamais. Tous les autres crimes font punis par les châtimens, dont on a parlé plus haut.

CHAPITRE V.
Arts & Manufactures.
§. I.
Les Occupations diverses des Réduits.

TOus les Jésuites de ces Réductions ont une teinture de tous les Arts. Aussi sont-ce les Jésuites eux-mêmes qui ont montré à ces Peuples tous les Arts & Métiers qu'ils exercent ; l'Architecture, la Sculpture, la Peinture, la Dorure, la Gravure, l'Orfévrerie, la Charpenterie, la Menuiserie, la Serrurerie, la fabrique & fonte des cloches & l'Armurerie.

Leurs armes sont très-bien travaillées ; & leurs étoffes de coton & de laine, dont ils ont des Fabriques considérables, sont parfaitement fabriquées. Ils ont aussi des salpétrières & font de la poudre à canon ; & l'on voit, dans les Maisons Presbytérales, de très-habiles batteurs d'or & d'argent.

Il y a encore, dans chaque Réduction, des Maîtres de musique & Facteurs de toutes sortes d'instrumens, qui ont à leur tête le plus entendu d'entr'eux dans la composition des airs & dans la construction de toutes sortes d'instrumens de musique. C'est le Curé qui le choisit & l'établit Chef de musique & d'instrumens : enfin il y a bien peu de métiers & de professions que ces Peuples n'exercent, & où ils n'aient été instruits par les Jésuites.

Plusieurs de ces Réduits ont encore appris d'eux la Médecine & la Chirurgie, & s'y sont quelquefois rendus très-habiles & très-entendus. Les Jésuites en choisissent pour rester auprès de leurs personnes en qualité de leurs Médecins & Chirurgiens ; les autres se dispersent dans les villes pour le soulagement des Peuples.

Ces Médecins & Chirurgiens sont appellés *Crusagiara* ; parce que, pour marque de distinction, ils portent un bâton noir de leur hauteur & de la grosfeur du doigt, avec une croix au bout.

Cependant tous ces Docteurs, ces Maîtres d'arts si sçavans & si capables, se trouvent tous les jours exposés à la férule & au châtiment comme le dernier des hommes. Ils n'ont pas plus de privilège ni de liberté, sinon l'autorité qu'ils exercent sur leurs subordonnés, dans ce qui dépend des devoirs de leur état.

§. II.

Mines d'or & d'argent.

Il y a dans ces Terres plusieurs mines d'or & d'argent; mais les Jésuites les cachent avec beaucoup de soin : aussi ces Pères n'y employent-ils à travailler que des gens de confiance, à qui le secret sur ce point est extrêmement recommandé.

C'est de cet or & de cet argent qu'ils rendent si riches leurs Eglises & leurs Maisons Presbytérales; & c'est à ces matières précieuses qu'ils occupent les Orfévres & les Batteurs d'or qu'ils ont dans les Manufactures de leurs Maisons ou Collèges.

De-là proviennent tous ces lingots qu'ils envoyent à Buénos-Aires & qui passent en Espagne. Le grand commerce qu'ils en font & qui est beaucoup plus considérable qu'on ne sçauroit se le persuader, est ce qui occupe le plus & fait le principal soin des Jésuites.

Il n'est pas nécessaire d'avertir qu'on ne convertit point de ces matières précieuses en monnoie pour l'usage de ces Peuples : on pense bien que la monnoie, ce signe universel de la valeur de tout ce qui peut servir aux commodités & agrémens de la vie, en quoi consistent les richesses , doit être inconnue à des esclaves qui n'ont que la subsistance & l'habillement qu'on leur donne, sans qu'ils puissent rien acquérir ni posséder en propre.

On pourroit croire qu'il y a aussi dans ces Terres des mines de cuivre, à en juger par la quantité de ce métal qu'on y voit ; mais il est certain qu'il y a des mines d'un très-bon fer qu'ils fçavent très-bien travailler.

§. III.

Commerce des Jéfuites du Paraguai.

Le commerce que les Jéfuites du Paraguai peuvent faire, doit être, comme on le voit, des plus confidérables, puifqu'ils font feuls, dans les Réductions, propriétaires des biens de la nature & des produits de l'art & de l'induftrie des habitans.

Celui de la *Gierbe*, ou feuilles de *Kamini*, dont on a ci-devant parlé, (ch. 2. §. 2.) eft pour les Pères de ces contrées d'un revenu d'autant plus énorme, que c'eft à l'occafion de ce commerce qu'ils ont trouvé le moyen de faire paffer à la fourdine leur or & leur argent en Europe, par l'adreffe qu'ils ont d'en mettre les lingots dans les balots de *Gierbe*, qui font toujours conduits à Buénos-Aires par des Jéfuites dans leurs barques.

C'eft fur ces petits bâtimens qu'ils

nomment *Balfes*, que les Jéfuites def-
cendent leurs diverfes marchandifes par
les rivières de Paranaguazu & d'Uraguai jufqu'à Buénos-Aires.

Tous leurs balots font marqués au
nom de Jéfus, qui eft tellement en
vénération dans cette partie du nouveau
monde, que non-feulement les Réduits,
mais tous les Efpagnols ne le regardent
qu'en baiffant la vue, par refpect pour
la Société autant que pour la Religion.

§. IV

Sujettion des Jéfuites au Tribut & à la Corvée.

Les Jéfuites du Paraguai payent cependant tribut au Roi d'Efpagne ; fçavoir,
5 piaftres par tête des Réduits, qui font
parvenus au-deffus d'un certain âge.

Mais il eft bon d'obferver que ce
font les Jéfuites eux-mêmes qui font
le dénombrement de leur Capitation ;
& que, foit qu'ils ne calculent pas bien,
foit qu'ils aient des raifons pour ne pas
tout accufer, il eft certain qu'ils en

diminuent plus de 100000 dansleurs déclarations. *Voyez* ch. 1. §. 3. p. 11.

Ces Pères sont encore obligés de donner de tems en tems de leurs Réduits pour les fortifications & autres travaux publics à Buénos-Aires ; mais ils n'en fourniffent que sur le pied de leurs déclarations.

De plus, ils ont la politique de n'envoyer ces travailleurs que sous l'escorte d'un Jéfuite qui ne les abandonne pas, qui va avec eux aux travaux, qui les ramene aux heures du repas dans le Collège, & qui eft relevé succeffivement par d'autres Jéfuites.

Ces Réduits ont toujours quelqu'un de ces Pères parmi eux durant le travail, de crainte qu'ils ne parlent ou n'aient communication avec quelque autre homme. On craint qu'en converfant ils ne découvrent quelque chofe de la myftérieuse adminiftration du Paraguai, ou qu'il ne leur prenne envie d'apprendre & n'apprennent en effet la langue Efpagnole.

C'eſt un rafinement de politique aſſez ſingulier, que les Jéſuites ne veuillent pas que leurs Réduits apprennent l'Eſpagnol ; dans l'appréhenſion que l'étude de cette langue ne donnât lieu à des ouvertures d'eſprit qui pourroient les déſabuſer.

CHAPITRE VI.

Pouvoir deſpotique des Jéſuites.

§. I.

Jéſuites Curés deſpotes , leur conduite régulière.

IL n'y a dans chaque Réduction qu'un ſeul Jéſuite revêtu du ſouverain pouvoir. C'eſt le Curé qui commande abſolument , & à qui les Réduits obéiſſent avec une ſoumiſſion aveugle en toutes choſes.

On compte environ 40 Jéſuites qui ont le gouvernement & la diſcipline de tous les Peuples Réduits dans cette vaſte contrée ;

contrée ; tous les autres Jésuites n'y font que comme des Coadjuteurs ou Vicaires, ou comme Profeſſeurs ou Maîtres enſeignans, Inſpecteurs, &c. qui n'ont qu'une autorité partiale & précaire.

Les Chefs abſolus ont au-deſſus d'eux, pour la préſéance, un Provincial qu'ils appellent *Païaguaʓu* en langue Guairane, & qui demeure à la Conception comme la plus ancienne Maiſon de ces Réductions.

Ce Provincial n'a que deux ou trois Jéſuites avec lui, & n'eſt que le premier parmi ſes égaux ; chaque Curé eſt un Deſpote qui conſerve ſon autorité ſans partage.

Chacun de ces Chefs viſite, autant qu'il eſt poſſible, tout ce qui ſe fait à la campagne, quoiqu'il y ait, comme on l'a dit, des Officiers prépoſés pour lui en rendre compte. Pour cet effet, il monte toutes les ſemaines à cheval, accompagné de 40 ou 50 Cavaliers, enſorte qu'il a une parfaite connoiſſance de toutes choſes.

C

Ces Despotes font, comme tous les autres Jéfuites, d'une conduite très-régulière & d'un exemple édifiant. Leur prudence confommée paroît dans toutes leurs actions, fans qu'il s'en trouve une feule qui puiffe être juftement cenfurée, du moins dans l'apparence. Ils ne fe dérangent jamais dans leurs mœurs & dans leurs devoirs.

§. II.

Caufes de la foumiffion extrême des Réduits.

L'affiduité conftante des Curés à leurs fonctions & à la conduite de leurs Peuples les fait regarder par ceux-ci, non-feulement comme leurs Rois, mais encore comme des Dieux fur terre.

Auffi ces Réduits leur obéiffent-ils aveuglement en tout ce qu'ils leur demandent; ils fatisfont à toutes leurs volontés avec un zèle & une foumiffion qui paffe l'imagination. Il n'y a pas un Réduit qui ne facrifiât volontiers fa vie, s'il fçavoit obliger par-là fon Curé,

Tel eſt l'effet du Gouvernement deſpotique & de l'empire abſolu qu'ils ont
pris ſur les eſprits, & qu'ils ſçavent en-
tretenir par la Religion , en joignant
comme les Romains anciens la Prêtriſe
à la Souveraineté.

L'attention continuelle à ne ſe relâ-
cher en rien dans l'exercice rigide d'un
pouvoir ſans bornes, eſt le principal
moyen qu'ils employent pour conſerver
& même augmenter leur autorité. Ils
n'appréhendent point, qu'en continuant
ces errémens, il puiſſe jamais arriver de
changement dans ce Gouvernement,
qui ne leur ſoit avantageux.

§. III.

Examen ſèvère des Succeſſeurs des Curés.

Ces Curés ſouverains ne changent pas
ordinairement de réſidence ; ils meurent tous dans la Réduction où chacun
a été une fois établi, & leur vie n'eſt
pas de courte durée.

On en pourroit trouver la cauſe dans
la bonne qualité de l'air qu'on reſpire

en ce Pays, & dans la bonté & la déli-
catesse des alimens joints au régime
qu'ils observent, & au soin particulier
qu'ils prennent de leur santé au milieu
des emplois pénibles qu'ils exercent;
mais pourtant il faut finir.

Pour remplacer ceux qui meurent,
on choisit dans toutes les maisons des
Jésuites d'Espagne les sujets qui pa-
roissent avoir le plus de dispositions
propres au Gouvernement de ces Réductions; & on les envoie à Buénos-
Aires où ils font un séminaire nouveau,
sous prétexte d'apprendre le *Guairan*.

Mais le véritable motif est pour les
examiner & approfondir de nouveau
leur caractère, afin qu'on puisse recon-
noître s'ils ont toutes les qualités requi-
ses pour régir & discipliner ces Peuples
suivant les principes de l'administration
établie. On n'y en reçoit effectivement
aucun qui ne soit d'une prudence &
d'une capacité reconnues.

Cet Examen est des plus sévères, ensorte qu'après 5 ou 6 ans d'épreuves, à

peine s'en trouve t-il un fur 7 ou 8 , qui
foit jugé capable de ces fonctions politiques.

Il arrive même quelquefois que le
petit nombre d'élus n'entre pas encore
pour cela dans la terre de Promiffion ,
quoiqu'on ne trouve en eux rien que de
très-convenable, & qu'ils foient d'ailleurs néceffaires pour remplacer les
morts.

La raifon de cette exclufion eft que
ceux qui font en place, craignant la moindre erreur ou méprife dans un choix fi
délicat , aiment mieux redoubler leurs
travaux & deffervir jufqu'à deux de ces
Réductions (ce qui eft un ouvrage extrêmement pénible) que de s'expofer au
danger d'avoir parmi eux quelques ef-
prits qui pourroient troubler le bel ordre
qu'ils ont établi & entretenu avec tant
de foins & de peines jufqu'à préfent.

CHAPITRE VII.

L'entrée de ce Pays interdite aux Blancs.

S I , comme on vient de l'obſerver, les Jéſuites mêmes n'entrent que très-rarement dans ce Pays délicieux ; on ne doit plus être ſi ſurpris d'en voir l'entrée interdite abſolument à tous les Blancs, ſoit Eſpagnols ou autres.

Un Particulier, Eſpagnol de nation, ayant eu ci-devant la témérité d'y entrer malgré les défenſes, ne s'en retourna pas : on ne le vit cependant pas, dit-on, long-tems dans le Pays.

Dom Baldes, Gouverneur de Buénos-Aires, voulut peu de tems après ſon arrivée d'Eſpagne, entreprendre d'y aller pour en faire la viſite comme d'une Province dépendante de ſon Gouvernement ; il paſſa juſques ſur les confins de ces Réductions, où il rencontra un Gouverneur *Réduit*, envoyé par les Jé-

fuites, qui le pria de ne pas paſſer outre. Cet Officier *Réduit* lui parla de ma-
nière, qu'il jugea à propos de ſe retirer
avec ſa ſuite.

Ces Pères ſçavent parfaitement de
quelle importance il eſt pour eux que
perſonne n'y pénetre pour voir ce qu'ils
y font, & quelle conduite ils tiennent
dans les différentes parties de ce Gouvernement deſpotique.

F I N.

TABLE

DES MATIERES.

TABLE DES MATIERES.

Fin de la Table.